D1674788

INICIACIÓN AL MUNDO SENSORIAL DEL VINO

COLECCIÓN ARTESA. DIRIGIDA POR PRUDENCIO GARCÍA "CHENCHO"

JUAN ANTONIO GARCÍA GARCÍA

INICIACIÓN AL MUNDO SENSORIAL DEL VINO

AMARÚ EDICIONES
SALAMANCA

Diseño de cubierta: J. FERRAGUT. Salamanca.

AMARÚ EDICIONES
MELÉNDEZ, 21 • TEL. 923 261 228 • FAX 923 267 860
37002 SALAMANCA
email: Amaru@verial.es
htpp: //www.amaruediciones.com

Printed in Spain. Impreso en España

ISBN: 84 - 8196 - 177 - 9
Depósito Legal: S. 726 - 2002

ARTESA (Centro de Oficios Artísticos S.A.)
c/ Mayor, 57
37710 Candelario (Salamanca)
Teléf. 923 413 111 • Fax 923 413 087
E-mail: artesa@verial.es

EUROPA ARTES GRÁFICAS, S.A.
Sánchez Llevot, 1 • Salamanca
Teléf. 923 222 250. Fax 923 222 261

Concepto de Cata

DEFINIMOS el vino, de acuerdo con el "Estatuto de la viña el vino y los alcoholes", como la bebida resultante de la fermentación completa o parcial de la uva fresca o del mosto.

Un análisis químico del vino revela la existencia de cientos de componentes (mas de 800 en la actualidad), muchos de los cuales están en el origen de las características organolépticas (aquéllas que se aprecian a través de los sentidos), pero no es posible establecer en qué medida cada uno de los componentes o sus mezclas afectan, modifican o determinan sus cualidades o características (organolépticas), es decir, no es posible medir mediante determinaciones físicas o químicas la cantidad de un sabor, olor, su intensidad etc. Se han hecho intentos en este sentido, pero en ningún caso se ha podido sustituir la sensibilidad de los sentidos del ser humano en un análisis sensorial.

Además, el vino es uno de los productos más complejos que podamos someter al análisis de nuestros sentidos, hay muchos factores que intervienen en la

conformación de sus cualidades organolépticas: el suelo, el clima, el viñedo y sus cuidados, variedades de uva, elaboración, crianza, almacenamiento, etc. La intervención de todos estos factores y de otros muchos no enumerados, así como la actuación sobre ellos, pueden propiciar vinos diferentes con el solo hecho de variar uno de estos factores.

Así pues, situamos el análisis sensorial, como el instrumento capaz de revelarnos las cualidades a las que nos venimos refiriendo (las organolépticas), que son precisamente aquéllas que se aprecian a través de los sentidos.

Podríamos entonces definir la cata de vino como el análisis organoléptico del mismo, o dicho de otro modo, someter al vino al análisis de nuestros sentidos con el fin de conocer y determinar sus características organolépticas (cualidades y defectos si los tiene)

En definitiva, cuando nos enfrentamos a un vino con la intención de catarlo, lo que realmente estamos haciendo es beber con atención, poner nuestros sentidos en estado de alerta para detectar el mayor número de sensaciones que el vino pueda proporcionar y seamos capaces de percibir, relacionando las sensaciones percibidas con las anteriormente conocidas, y ello con el fin de objetivar esas percepciones, para describirlas, de forma que representen una opinión comprensible por el resto de personas a las que dirigimos nuestro examen organoléptico. En resumen catar es beber con atención, poniendo las sensaciones percibidas en relación con nuestra memoria olfativa, gustativa, etc.

La cata es utilizada con varios y muy diferentes fines: existe una cata meramente lúdica, a través de ella detectamos un vino que nos produce deleite o lo contrario y nos ayuda a disfrutar más del vino; la cata como instrumento ampliamente utilizado por los profesionales del sector, así el enólogo para determinar el estado de un vino, su evolución, etc. y poder tomar decisiones; el comprador para determinar qué partidas le interesan más; el vendedor para establecer precios, valor comercial, los gustos de los consumidores etc.;la cata para determinar en que nivel está un vino en relación con otros; la cata concurso etc.

Práctica de la Cata

EXISTEN tres normas UNE referidas a los requisitos generales para dicha práctica: 87004/91, 870022/92 y 8700/94. Dado que su contenido excede con mucho el objeto de este trabajo, referimos a continuación las condiciones que consideramos convenientes para la práctica de la cata:

LUGAR. Se tratará de un local bien iluminado, a poder ser con luz solar uniforme, sin decoración ni colores estridentes (paredes lisas y claras), bien ventilado y sin olores que perturben o anulen los aromas propios del vino. En definitiva, un local en el que estemos a gusto y sin que nada atraiga nuestra atención

LA HORA. Es preferible elegir las horas previas a las comidas, en las que nuestros sentidos están más receptivos, evitando tanto los momentos en que nuestros paladares están plenamente saciados y pueden provocar el adormecimiento y saturación de los estímulos sensoriales, como los de ayuno excesivo.

EL RECIPIENTE. Se trata de utilizar los utensilios adecuados, en este caso la copa. Ha de ser de cristal fino, transparente, evitando tanto los colores como los grabados que nos impedirán una perfecta apreciación visual del vino, con un formato adecuado para retener los aromas, evitando aquellas copas abiertas. Existe al respecto un catavinos normalizado, pero que en modo alguno es considerado como exclusivo ni excluyente de otros recipientes que cumplen perfectamente la función y ello sin entrar a hablar de los sofisticados "impitoyables" (termino francés que designa una serie de copas de formas variadas en función del tipo de vino a catar, elaboradas en vidrio soplado) que son muy efectivos pero no imprescindibles.

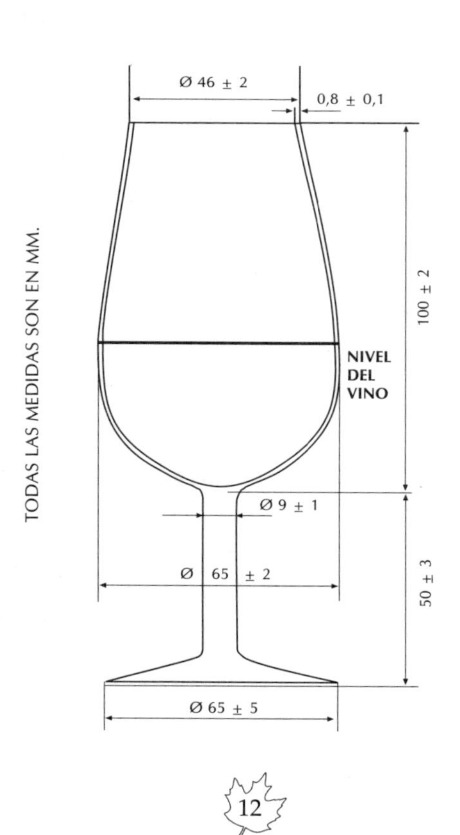

LA TEMPERATURA. Es importante, no sólo por la influencia que tiene en el vino sino en nuestro propio cuerpo. Una temperatura alta seca la mucosa y se pierde potencia olfativa y una temperatura excesivamente baja inhibe los aromas. Así pues se trata de realizar la cata con una temperatura en torno a los 21 °C, con una humedad relativa situada en un 70%.

La cata de vino, como cualquier otra práctica, tiene su técnica y método de aprendizaje. Nos referimos a ello en el apartado correspondiente proponiendo, a su vez, una serie de ejercicios, teniendo siempre presente que al final, es la práctica y el entrenamiento continuado, lo que nos va a reportar más conocimiento. Cuantos más vinos catemos, más referencias tendremos y con ello más posibilidades y conocimiento para emitir un juicio acertado sobre tal o cual vino. No hay que olvidar, lo repetimos una vez más, que al catar un vino estamos poniendo las sensaciones percibidas en correlación con las previamente conocidas, así pues, cuanto mayor sea nuestro conocimiento, mayor será nuestro grado de precisión a la hora de enjuiciar un vino.

Una vez puntualizado lo anterior, nos referimos a los sentidos que intervienen en la cata, que son cuatro: la vista, el olfato, el gusto y el tacto, aunque no falta quien incluye también el oído (destacando su importancia fundamentalmente en la cata de vinos espumosos). En el cuadro siguiente se describe la relación entre cada uno de los sentidos, el órgano perceptor y las características, tal como propone E. Peynaud:

SENTIDOS UTILIZADOS EN LA CATA

<table>
<tr><th>ÓRGANO</th><th>SENTIDO Y
SENSACIÓN</th><th>CARACTERES
PERCIBIDOS</th><th colspan="2"></th></tr>
<tr><td>Ojo</td><td>Vista
Sensación visual</td><td>Color
Limpidez
Efervescencia</td><td colspan="2">ASPECTO</td></tr>
<tr><td>Nariz</td><td>Olfato
(Vía nasal)
Sensación olfativa</td><td>Aroma
Bouquet</td><td colspan="2">OLOR</td></tr>
<tr><td rowspan="5">Boca</td><td>Olfato
(Vía retronasal)
Sensación olfativa</td><td>Aroma de boca</td><td rowspan="3">GUSTO</td><td rowspan="5">F
L
A
V
O
R</td></tr>
<tr><td>Gusto
Sensación gustativa</td><td>Sabor y gusto</td></tr>
<tr><td>Sensibilidad
Química</td><td>Astringencia
Causticidad</td></tr>
<tr><td>Sensibilidad
Táctil</td><td>Consistencia
Burbuja</td><td rowspan="2">TACTO</td></tr>
<tr><td>Sensibilidad
Térmica</td><td>Temperatura</td></tr>
</table>

LA VISTA

Es el primer sentido al que enfrentamos un vino cuando nos disponemos a catarlo, proporcionándonos una cantidad no desdeñable de información, entre ella y la primera, la de saber que se trata de un vino blanco, rosado o tinto (puestos en una copa opaca, muchas personas no lo distinguirían, sobre todo si están a la misma temperatura).

Se debe llenar la copa sólo una quinta o cuarta parte de la misma, pudiendo observar al servirlo la fluidez del mismo en la caída, lo que nos dará información sobre su densidad.

Una vez en la copa, inclinaremos ésta y sobre un fondo blanco, de forma que los rayos de luz incidan desde arriba, observaremos el color del vino, prestando especial atención al ribete o menisco, que nos dará una información más detallada sobre los matices del color del vino. Al mismo tiempo observaremos la intensidad de color o "capa", según penetren en mayor o menor medida los haces de luz.

Por último, poniendo la copa a la altura de nuestros ojos, podremos observar la brillantez y nitidez del mismo, descubriendo en su caso la posible opacidad o turbidez que evidenciarán unas malas condiciones.

Como ya hemos dicho, la primera percepción visual es la del color, éste anticipa las sensaciones olfativas y gustativas, pues no podemos olvidar que existe una interacción entre color, gusto y olfato (así el amarillo lo solemos relacionar con dulce, verde con ácido etc.), valorando mejor la calidad e intensidad de los aromas en un vino que en una muestra incolora, anticipándonos sensaciones relacionadas con el volumen o cuerpo de un vino, así un vino tinto con una gran capa de color es preludio de un gran cuerpo, una gran estructura, nos da una sensación de volumen de plenitud, que no produce una capa más liviana de color, aunque necesariamente no exista siempre correspondencia entre el color y las sensaciones estructurales y volumétricas que anticipa.

El color del vino nos habla de su procedencia, elaboración (un intenso color tinto se consigue con uvas con suficiente madurez, largas maceraciones del mosto con los hollejos, aunque existan variedades que aporten poco color), de su estado de evolución a través de los ribetes de la copa de vino y en función de los matices de su color, estableciendo una relación entre éstos y el estado de evolución del mismo, que podríamos fijar, aunque sea de forma indicativa y simplificando, de la siguiente forma:

RELACIÓN COLOR DEL VINO
Y ESTADO DE EVOLUCIÓN DEL MISMO

VINO TINTO

MORADO VIOLETA PÚRPURA	JOVEN
GRANATE RUBÍ	PLENITUD
ANARANJADO ATEJADO OCRE	DECLIVE

VINO ROSADO

VIOLACEO MORADO	JOVEN
CARMÍN CEREZA FRAMBUESA	PLENITUD
PARDO PIEL DE CEBOLLA SALMÓN	DECLIVE

VINO BLANCO

VERDOSO AMARILLO LIMÓN	JOVEN
AMARILLO PAJA AMARILLO DORADO ORO	MADUREZ
PARDO CAOBA CARAMELO	DECRÉPITO

Lógicamente, lo reseñado es indicativo, y si previamente conocemos el color que presenta un vino en su estado óptimo, la relación anteriormente expuesta es válida. Ahora bien, ni todos los blancos color oro viejo están pasados ni todos los amarillos paja son excepcionalmente jóvenes, el varietal, la elaboración y el estado de oxidación pueden dar tonos que se han buscado o que se corresponden con ese tipo de elaboración. (Nadie desecharía un Pedro Ximénez por sus tonos yodados, ni un amontillado por sus tonos de oro oxidado)

El color en los vinos viene determinado por unas sustancias llamadas polifenoles, que no son otra cosa que compuestos químicos que se encuentran fundamentalmente en el hollejo de la uva y que durante la fermentación se disuelven en el mosto. Entre ellos cabe destacar fundamentalmente los taninos y antocianos, responsables en mayor parte del color en los vinos tintos. Los antocianos son responsables de los tonos rojos, púrpuras y violáceos de los vinos jóvenes, con el tiempo, los antocianos van desapareciendo progresivamente del vino, siendo sustituidos por nuevos pigmentos, que dan lugar a los tonos teja y anaranjados de los vinos envejecidos. En la formación de estos pigmentos intervienen los propios antocianos, los taninos y alguna otra sustancia presente en los vinos. Los taninos son importantes para el color, ya que, además de participar en la formación de nuevos pigmentos, confieren estabilidad a los antocianos; de hecho la relación entre contenido de taninos y de antocianos determina en buena medida la definición y la evolución del color en el vino tinto. No obstante, hay que reseñar, que la acción de los polifenoles y el resultado final del color de un vino depende no sólo de estas sustancias, sino también de una serie de interacciones entre éstas, la acidez y otras sustancias del vino, no pudiendo por ello establecer, como ya hemos apuntado, una relación categórica entre color y estado de un vino, aunque sí sea indicativo

Otros aspectos que descubrimos a través de la vista son los relativos a la limpieza, brillo y transparencia que todo vino sano debe presentar. Un vino limpio no debe tener partículas en suspensión, no obstante hay que reseñar que en general los vinos que se elaboran para poder realizar una buena crianza, son sometidos a prolongados encubados, lo que conlleva que muchas sustancias sólidas (a pesar de los trasiegos) queden en suspensión en el vino y con el tiempo precipiten, creando un poso, que si el vino no es sometido a procesos de filtrado, permanecerá en ellos como es lógico, pero no se considera indicio de un proceso de deterioro del vino, lo que no habrá que confundir nunca con los vinos turbios que lo que pregonan es su estado cadavérico. (Cuando vayamos a abrir una botella que tengamos sospecha sobre su estado de conservación, podemos someter a un análisis visual a través de un punto intenso de luz, si éste no es perceptible de forma nítida y la turbidez nos lo oculta sin duda el vino está en las mejores condiciones para ser vertido por el sumidero). Tampoco puede considerarse un defecto la aparición en algunas botellas de pequeños cristales de sales (bitartratos) que son fácilmente eliminables mediante un proceso de enfriado del vino, y que ponen al descubierto una menor manipulación del mismo, lo que no es necesariamente bueno.

El color lo definimos por su intensidad, matiz y viveza. Cuando coinciden éstos, estamos ante un vino "bien vestido" (termino acuñado en Borgoña).

La intensidad la podemos definir con adjetivos como pálido, claro, débil o fuerte, oscuro, denso, profundo o cubierto, es lo que se denomina "capa". Una capa baja de color sería la que presentan los vinos rosados en contraposición con la capa alta de los vinos tintos, con grandes maceraciones en presencia de los hollejos para que liberen éstos toda la materia colorante. Entre uno y otro hay una gran variedad de capas de colores: media-alta; media-baja, que será descrita de una u otra forma o con otros matices en función de cada vino y de la percepción de cada catador.

La vivacidad está en relación no sólo con la limpieza del color, sino con el brillo del mismo, un vino puede ser limpio pero apagado. Los términos que expresan viveza son: vivo, nítido, franco, luminoso, centelleante, etc.

Los matices de los colores pueden ser tantos como el ojo de cada uno es capaz de apreciar: No podemos por tanto intentar una descripción exhaustiva de todos los matices correspondientes a cada color. En el caso de los más habituales no hay problema y sino habrá que utilizar sinónimos: frutos, sensaciones, etc., para describir y puntualizar el matiz de un vino determinado, y así, al igual que el vino se nutre de otras frutas y colores para describir el suyo propio, también ha aportado nombres para definir colores (vino Burdeos).

Por último, vamos a referirnos al goteo que se produce en las paredes de la copa después de haber hecho girar el vino dentro de ella y que se conoce con el nombre de "lágrimas". Dicho fenómeno no parece tener relación alguna con la calidad de un vino, sino que es consecuencia mas bien del fenómeno físico conocido como "capilaridad", tal como explica Emile Peynaud en su libro "el gusto del vino", citando a su vez a James Thomson, afirmando que ..." al ser el alcohol mas volátil que el agua, en la superficie de la copa mojada se forma una delgada capa de liquido más acuoso...El efecto de capilaridad hace subir el liquido a lo largo de la copa y la elevación de la tensión superficial tiende a formar gotas... Cuanto mas elevada sea la concentración de alcohol mas abundantes son las lágrimas..."

OLFATO

Es uno de los sentidos más importantes en la cata, por no decir el mas importante, dada su extrema sensibilidad (mucho mas que el gusto, sentido también fundamental), pues nos ayuda a reconocer las cualidades y defectos de un vino casi de forma categórica, así como a discriminar los diferentes tipos de vino en función del varietal, elaboración, etc.

Antes de someter el vino al análisis de este sentido, debemos realizar una operación previa: oler la copa vacía, para detectar, en su caso, la posible existencia de olores indeseables, procedentes normalmente del lavado de las copas (detergentes, lejías etc.), de su almacenamiento etc., que contaminarían los aromas propios del vino que vamos a servir dentro de ella.

Una vez servido el vino en la copa, (tan solo una cuarta o quinta parte de la misma), procederemos a oler el vino con la "copa parada", toda vez que existen una serie de aromas que desaparecen al mover ésta y someter al vino a un proceso de mayor oxigenación. Así los aromas llamados de "reducción", propios de una crianza realizada en ausencia de oxígeno (en los vinos que permanecen mucho tiempo embotellados, se producen una serie de reacciones químicas que reducen el poco oxígeno existente, originando los llamados aromas de reducción, normalmente poco agradables a la nariz) nos pueden proporcionar información sobre el viñedo y el terreno donde está plantado (aromas a tiza y cal propios de los terrenos calcáreos), sobre su crianza en madera (aromas de barnices, lacas, etc.). Este tipo de aromas, como ya hemos dicho poco agradables y en algunos casos claramente desagradables, deben desaparecer en el momento de oxigenarse debidamente el vino, de lo contrario estaremos ante un vino defectuoso.

Realizada la operación anterior, procedemos a mover la copa, haciendo pequeños giros, con objeto de que una mayor cantidad de vino, al moverlo, entre en contacto con el oxígeno para que se desprendan todos sus aromas. Solamente cuando entendamos que un vino está muy cerrado (se resiste a desprender sus aromas), taparemos la copa con una mano y procederemos a dar un golpe enérgico para propiciar la volatilidad de sus sustancias aromáticas. Hay que tener en cuenta que detectar un olor, depende de la solubilidad de la sustancia en cuestión, las características físicas de la misma y el estado de nuestra mucosa (un resfriado nos impide percibir aromas)

La percepción aromática la realiza el cuerpo a través de dos vías: nasal y retronasal

La vía nasal es la correspondiente a la nariz que a través de las fosas nasales transmite de forma directa al cerebro las sensaciones olfativas. Percibimos el olor de las cosas a través de este órgano estimulado por el aire exterior mientras que la vía retronasal es la que utilizan las sustancias volátiles que se desprenden en la boca al ingerir el vino estimuladas por el aire interior y que por la rinofaringe llegan a las fosas nasales y así muchas veces definimos el sabor de una cosa, cuando en realidad lo que estamos percibiendo es su aroma. En la vía nasal apreciamos el olor de las sustancias volátiles tal cual son, mientras que en la vía retronasal lo que apreciamos son unos aromas diferentes, ya que están modificados por nosotros mismos.

En el vino podemos distinguir tres tipos de aromas:

-*Aromas primarios:* son los que aporta el propio varietal, es decir los particulares de cada uno de los tipos de uva. Cada variedad de uva tiene sus aromas peculiares, que a su vez son influenciados por otros factores (suelo, tipo de cultivo, etc.). Estos aromas son fundamentales en un buen vino, siempre han de notarse y no deben ser anulados por ninguna práctica de elaboración o crianza. Este tipo de aromas suelen ser de carácter frutoso, floral y vegetal.

-*Aromas secundarios.* Los provenientes de la fermentación. Durante la fermentación se producen una serie de reacciones químicas que propician la aparición de aromas típicos de este proceso. Estos aromas suelen ser de carácter vinoso, término que se utiliza para definir el carácter alcohólico del vino, que se convertiría en un defecto si predominase sobre el resto, convirtiéndose este término en peyorativo.

-*Aromas terciarios.* Estos aromas reciben también el nombre de "bouquet" y se corresponden con los desarrollados durante la crianza del vino, es decir que este tipo de aromas son privativos de los vinos sometidos a crianza. Habría que distinguir dos tipos de aromas terciarios o bouquet, en función de la crianza realizada: oxidativa y reductiva.

La crianza de los vinos, en general, se produce en dos fases, una en barrica, a la que llamamos crianza oxidativa, por el aporte de oxígeno que recibe el vino a través de los poros de la barrica y otra reductiva, que se realiza en la botella, en ausencia de oxígeno, donde el vino termina de afinarse o redondearse.

Es la complejidad de aromas lo que hace que un vino sea elegante, fino y de calidad. En un vino de estas características se pueden descubrir todos los aromas antes descritos y la interacción de unos con otros, que se resuelve en una amplia gama de aromas que se van haciendo perceptibles poco a poco, resultando cada vez más grata su ingesta. Y ello, en contraposición con los vinos simples que presentan un monocromatismo aromático que con el tiempo satura nuestro paladar y lo hace cansino y poco agradable.

Para definir y describir un aroma lo que realmente hacemos es asimilarlo a otros ya previamente conocidos, incluso a situaciones o circunstancias vividas (es lo que se llama la memoria episódica, activada por los olores) y así cuando se dice que un vino huele a tal o cual cosa, no significa que tenga esos elementos en su composición, sino que son los diferentes componentes químicos del vino los que nos hacen recordar estos aromas, que identificamos como tal, por ser mas fácil y comprensible. En función de esto podemos establecer una amplia gama de aromas, clasificados en series, y que de forma somera proponemos como:

FRUTALES. Incluye frutas tales como la cereza, manzana, pera, albaricoque, plátano, etc.; frutas tropicales (piña, maracuyá); frutos rojos (fresa, frambuesa, mora, etc.); frutas pasificadas (orejones, pasas, higos, etc.). Estos aromas proceden fundamentalmente de las uvas y su fermentación.

FLORALES. Tonos generalmente propios del varietal o casta (variedad de uva), abarca un gran número de flores (del naranjo, saúco, manzano, jacinto, rosa, manzanilla, violeta, etc.), así como tonos de miel, néctar, brezo, retama, etc.

VEGETALES. Son los que recuerdan la hierba, heno, musgo, pimiento, aroma de prado, la familia de los anises, laurel, hiedra, verdura (repollo, col), té.

MADERA Y ESPECIAS. Aromas que se originan durante la crianza en roble. Se pueden definir como, madera vieja, madera nueva, caja de puros, cedro, lápiz, vainilla, pimienta, regaliz, etc.

BALSÁMICOS. Aromas, por lo general, procedentes de la crianza oxido-reductiva (barrica y botella), nos recuerdan al pino, la menta, resina, etc.

ANIMALES. Estos aromas son generados por lo común durante la fermentación y la posterior crianza en barrica y se pueden incluir, entre otros: almizcle, lana, caza, "pis de gato", ratón, perro mojado, etc.

QUÍMICOS y de FERMENTACIÓN. Unos traen recuerdos de la fermentación tanto tumultuosa (alcohol, carbónico), como de la maloláctica (lácticos, queso, yogur), así como levaduras, cerveza, sidra y otros nos evocan a productos químicos y de droguería: acetona, lacas, barnices, farmacia, azufrado, etc.

EMPIREUMÁTICOS. Son los aromas relacionados con el humo y los ahumados, que nos traen recuerdos del tabaco, tostados, torrefactos, café, toffe, madera quemada, cuero, cacao y chocolate, etc.

Además de las series de aromas apuntados, hay otro tipo de aromas que evidencian otros tantos defec-

tos del vino, es decir, que su presencia pone de manifiesto un defecto, por lo que el vino ha de ser descalificado, y que son incompatibles con un vino de calidad. Así cabe destacar los siguientes:

MOHO. Es el olor que nos recuerda a la humedad o a un lugar mal ventilado.

Lo produce una bacteria que se reproduce y desarrolla en bodegas húmedas y mal ventiladas, en barricas y depósitos de cemento mal secados y en los corchos.

En estos últimos se produce el aroma conocido como "corcho" (bouchon), motivo por el que hay costumbre de oler el corcho antes de servir el vino, una vez descorchada la botella, ya que si un corcho huele a humedad, es muy probable que haya contaminado el vino y, por tanto, nos previene o anuncia su estado defectuoso. Ahora bien, con sólo este dato no deberemos emitir un juicio sobre el estado de un vino, porque un corcho defectuoso puede o no haber contaminado el vino, y, por el contrario, un corcho que huela bien no previene o avisa de un posible defecto de humedad en el vino procedente de otro elemento contaminante (barrica, depósito, etc.), por lo que la información obtenida por dicha práctica, que tiene más de uso tradicional y rutina de sumiller, ha de tomarse con las oportunas reservas, pues al no informar de forma categórica sobre el estado de un vino, puede conducirnos a emitir una opinión errónea, debiendo esperar, pues, al examen olfativo del vino, para emitir un juicio sobre su estado.

SULFUROSO. Este producto que se emplea fundamentalmente como antioxidante, en varios procesos de la elaboración del vino (fermentación, trasiegos,

etc.) realiza una función selectiva de levaduras y bacterias, eliminando aquellas que podríamos denominar "malas" para este fin, además fija el color del vino y, en cierto modo, lo clarifica, al inhibir sustancias (enzimas) que pueden dar lugar a cambios de color y formación de turbidez.

El uso de este producto, que se añade al vino, bien en estado gaseoso o en polvo (metabisulfito), tiene unos límites legales, pero más importante aún y en función del vino, tiene otros límites que imponen la nariz y el paladar, y cuando estos límites son rebasados, dejan en el vino unos aromas inconfundibles a azufre quemado o cerilla ardiendo, entre otros, que producen picor y sequedad en las mucosas de la nariz y le dan unos tonos metálicos en la boca (vía retronasal), poniendo en evidencia su uso excesivo, que siempre tiene su causa en la intención de esconder algún defecto del vino: acidez volátil alta (vinagre), vino oxidado, evolucionado (pasado), bajo en alcohol, etc.

ACÉTICO (vinagre). La evolución natural de un vino en contacto con el oxígeno es a avinagrarse por efecto de una bacteria (*Acetobacter aceti*), de ahí que todo el proceso de elaboración de un vino de mesa, esté orientado a conservarlo o protegerlo de esa oxidación, producida por dicha bacteria. Por tanto, el origen de este defecto, generalmente hay que atribuirlo a la excesiva oxigenación, así como a la falta de higiene y la contaminación por determinados corchos.

El ácido acético aparece durante la fermentación y es detectado en la nariz a partir de concentraciones superiores al 0,7, 0,8 gramos por litro, siendo su olor y sabor típicos del vinagre. Cuando tengamos la sos-

pecha, al oler un vino, de que está picado (avinagrado), pondremos una pequeña cantidad de vino entre la lengua y el paladar, absorbiendo aire que al pasar a través del líquido, por vía retronasal, pondrá al descubierto este defecto sin ningún genero de duda.

SULFHÍDRICO. El olor que produce es muy característico, recuerda a los huevos podridos. Su origen está en las reacciones que produce la combinación del azufre empleado en los tratamientos de la uva para evitar determinadas enfermedades, o del sulfuroso utilizado en exceso, con las lías de las levaduras (depósitos sólidos del vino después de la fermentación), al no realizarse los descubes o trasiegos a tiempo (separación del mosto ya fermentado de los residuos sólidos).

Convenientemente aireado, estos aromas desaparecen (de lo contrario sería imposible su ingesta), aunque nunca se pueda considerar a dicho vino como de calidad.

Cuando el olor está muy arraigado, se forman los mercaptanos, más estables y rebeldes a la aireación, dando los tonos típicos a suciedad y a podrido.

OXIDACIÓN. Este defecto se detecta por los aromas mal llamados de "maderización" (típicos del vino de Madeira), producidos por un excesivo contacto con el aire y presenta unos colores evolucionados (el tinto se vuelve marrón y el blanco ámbar).

EL GUSTO

El sentido del gusto se sitúa en la boca y más concretamente en la lengua, órgano de captación de los

sabores, definidos como cuatro: dulce, ácido, salado y amargo, por lo que se le considera el más limitado o menos fino de los utilizados en la cata.

Tradicionalmente, se ha venido considerando que para cada sabor existen receptores situados en zonas diferentes de la lengua, que se han descrito de la siguiente forma: el dulce en la punta, el salado en los lados, el ácido en los bordes y el amargo en la parte trasera, con arreglo al siguiente dibujo:

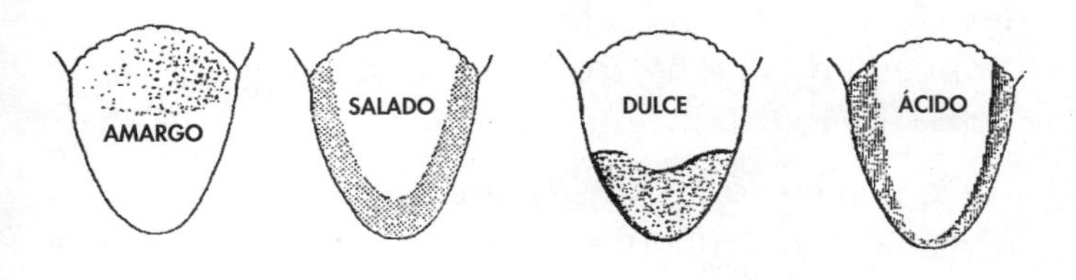

En la actualidad, según estudios recientemente publicados (revista Investigación y Ciencia mayo 2001), se considera la percepción gustativa más compleja que lo anteriormente descrito y que el espacio gustativo es multidimensional y los receptores gustativos, con independencia de su ubicación en la lengua, reaccionan ante cualquier estímulo producido por sustancias solubles, ya que es en el cerebro, por interacciones complejas de sus células, donde se discriminan y perciben los sabores, pues "las células gustativas no están programadas o afinadas para un único estímulo gustativo". Asimismo, se sugiere la posible existencia de otros sabores además de los cuatro citados, así el "umami" cuyo inductor sería el glutamato y que podríamos identificar como el sabor de los sopicaldos, el sabor "alcalino", asimilable a sensaciones poco ácidas y el "metálico."

Una vez que hemos olido el vino, nos lo llevamos a la boca e introducimos una pequeñísima cantidad en la misma, la suficiente para que se pueda manejar perfectamente, de tal manera que la podamos mover para que llegue a todos los rincones del paladar. Se trata de que todas las zonas del paladar y no sólo la lengua perciban las sensaciones que aporta el vino, pues el sabor es una compleja sensación proporcionada por la interacción del gusto, olfato y las sensaciones táctiles que nos suministran mucha información sobre el vino que hemos ingerido. Es lo que se llama "sensación bucal".

La percepción de los cuatro sabores no se hace a la vez, sino que nuestro paladar va captando los diferentes sabores, alternando la percepción inicial de los gratos sabores azucarados, con los ácidos y amargos que aparecen al final, así podríamos hablar de tres fases en la percepción gustativa: el ataque, la evolución y la impresión final.

Llamaríamos "ataque" a la primera impresión que inunda la boca al ingerir el vino, en donde dominan la vinosidad y los tonos dulces, estos sabores van disminuyendo de forma progresiva, aumentando los ácidos y amargos, en la fase que llamamos de evolución. En función de dicha evolución, la rapidez de transición de unos sabores a otros y la persistencia de los mismos, se produce una sensación final "final de boca", en donde pueden predominar unos sabores u otros (generalmente son los ácidos y amargos). Este final de boca puede ser grato y persistente y así hablamos de "vinos largos" o, por el contrario, decimos que el vino "es corto". Es esta sensación final la que nos invita a seguir bebiendo cuando un vino nos ha satisfecho plenamente.

Uno de los fenómenos más importantes que se produce en nuestro paladar cuando ingerimos vino y en relación con la cata es el referido a la percepción de aromas por la llamada vía retronasal. Cuando el vino entra en la boca, se produce un calentamiento del mismo que ayuda a un desprendimiento de las sustancias volátiles, las cuales pasan a la rinofaringe y producen lo que podríamos llamar una segunda olfacción. Esta, a su vez interacciona con los sabores del vino potenciando unos, adormeciendo otros, aumentando las sensaciones olfativas de algunas sustancias, dando la sensación de percibir sabores que en realidad se corresponden a sensaciones olfativas, así decimos que un alimento, o un liquido sabe a tal o cual cosa cuando en realidad, es la sensación olfativa, por la vía retronasal, la que nos está produciendo esta sensación.

Al conjunto de sensaciones olfatogustativas es a lo que determinados autores llaman "flavor", sensación o percepción fundamental en la cata a través de la cual detectamos lo que Pilar Mijares, denomina, como "cuerpo y volumen" del vino.

Los cuatro sabores descritos anteriormente como fundamentales existen en el vino, ahora bien, no se perciben siempre de la misma manera, ya que dichos sabores pueden ser modificados por muchos factores que hay que tener en cuenta a la hora de degustar un vino, y fundamentalmente dos: la temperatura y la saliva.

La temperatura puede modificar de manera muy apreciable los sabores del vino, así una temperatura excesivamente fría hará que desaparezcan los dulces y amargos y, a la vez, que se acrecienten los ácidos y viceversa. En cuanto a la saliva, el pH de ésta, puede alterar de forma fundamental las sensaciones ácidas.

Los sabores dulces del vino, provienen de los azúcares residuales y del alcohol, tal como se expresa en el siguiente cuadro:

SUSTANCIAS DE GUSTO AZUCARADO

AZÚCARES (Procedentes de la uva)	Hexosas	Glucosa
		Fructosa
	Pentosas (no fermentables)	
POLIALCOHOLES (Procedentes de la uva)	Inositol	
	Arabitol	
	Manitol	
	Sorbitol	
ALCOHOLES (De origen fermentativo)	Etanol	
	Glicerol	
	Butilenglicol	

La uva contiene fundamentalmente dos tipos de azúcares: glucosa y fructosa. Este último tiene un sabor más azucarado y suele ser el que permanece al final de la fermentación, de ahí que con un contenido idéntico de azúcares, los vinos que tienen más cantidad de fructosa sean más dulces (los blancos dulces y licorosos). Asimismo el mosto tiene una serie de azúcares no fermentables (pentosas), por lo que siempre quedan azúcares residuales (alrededor de 1 gramo/litro), pero el vino nunca debe contener sacarosa, si no se le ha adicionado, ya que la poca que contiene el mosto, desaparece en la fermentación.

En cuanto a los alcoholes, hay que reseñar que, después del agua, el alcohol etílico es el componente más importante del vino y que su olor y sabor son el soporte del aroma y bouquet del vino. El glicerol sigue en importancia al etanol, y por su sabor azucarado, casi igual a la glucosa, contribuye al dulzor del vino. Los vinos licorosos, obtenidos con uvas pasa o atacadas por la "podredumbre noble" (producida por un hongo – *Botrytis cinerea* -que pudre la piel de la uva, aumentando su contenido en azúcar al evaporarse el agua del grano) son especialmente ricos en este alcohol.

La acidez del vino, está constituida por varios ácidos, que representan la acidez total, debiendo destacar los siguientes:

SUSTANCIAS DE GUSTO ÁCIDO

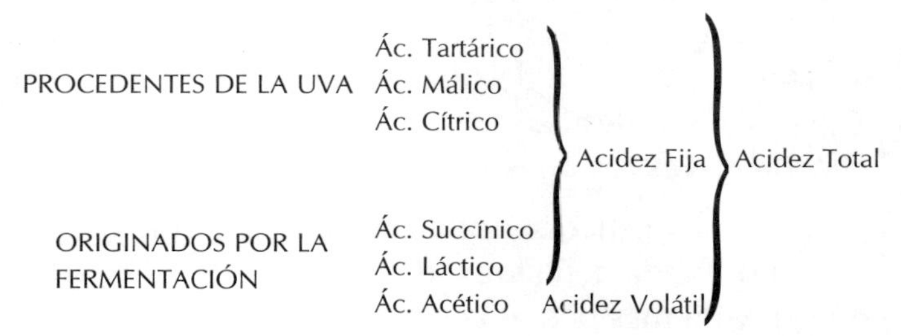

El ácido tartárico es específico de la uva y del vino y es el más fuerte, dependiendo el pH del vino en gran parte de la riqueza de este ácido, descendiendo su concentración una vez fermentado el mosto.

El ácido málico se encuentra en gran cantidad en la uva verde, a la que da el sabor acerbo típico de ésta, pero va desapareciendo poco a poco con la maduración, aunque es durante la fermentación alcohólica y fundamentalmente durante la fermentación maloláctica, cuando termina por desaparecer de forma casi total. Es durante esta última donde se produce la transformación más importante de este ácido, ya que es fermentado por bacterias lácticas que lo transforman en ácido láctico y carbónico, lo que supone una gran mejora del vino porque pierde el carácter acre de este ácido y gana en suavidad. No obstante, en algunos vinos, generalmente blancos, se intenta conservar dicha acidez.

El ácido cítrico es poco abundante en la uva y al igual que el málico, es fermentado por las bacterias lácticas y desaparece.

El ácido succínico es común a todo tipo de fermentación del azúcar y proporciona a las bebidas fermentadas el gusto específico común a todas ellas.

El ácido acético es el único volátil de los descritos, es decir que en una destilación vínica, sería el único que pasaría al destilado, mientras que el resto permanecería en los residuos.

El ácido acético se forma durante la fermentación del vino, fundamentalmente en la fermentación alcohólica, y en más pequeña cantidad durante la fermentación maloláctica. Al contacto con el aire, las bacterias acéticas son capaces de oxidar el alcohol y producir cantidades elevadas de dicho ácido, que no es apreciable en cantidades inferiores a 0,6 gramos por litro, superados los cuales se perciben su dureza y sabor agrio.

El conjunto de ácidos descritos, con excepción del acético, forma la acidez fija, y si sumamos éste, forman la acidez total del vino que se expresa tanto en ácido sulfúrico, como tartárico.

SUSTANCIAS DE GUSTO AMARGO

- ANTOCIANOS
- FLAVONAS
- TANINOS

Las sustancias de gusto amargo son los compuestos fenólicos a los que ya nos hemos referido en el apartado del color del vino, ya que además de aportar gran parte de su sabor, le proporcionan su color.

Los compuestos fenólicos, también llamados polifenoles, pertenecen a varios grupos químicos, de los que cabe distinguir por su importancia, los siguientes: antocianos, que aportan el color rojo de los vinos tintos y rosados; las flavonas, de color amarillo, a las que de forma equivocada se les atribuye el color de los vinos blancos; los taninos, sustancias causantes de la astringencia del vino, aportados fundamentalmente por la uva (hollejo y en menor medida por las pepitas), así como por la madera de las barricas (los llamados taninos pirogálicos).

Como se puede comprender, la influencia entre los diferentes sabores es grande y hace que un vino se presente más dulce, más ácido o amargo, en función de estas interacciones. Así la acidez se ve potenciada con los sabores amargos, y cuanto mayores sean éstos, menos dulce será el vino y viceversa. Un vino alcohólico, con azúcares residuales, se percibirá más dulce si la acidez es menor, etc.

En definitiva, un equilibrio en la ecuación:

Acidez + Tanino ————————- Azúcar + Alcohol

representaría un vino equilibrado y ahí reside uno de los fundamentos de la calidad de un vino, en la compensación y el acoplamiento armonioso entre los sabores dulces, por un lado, y los ácidos y amargos, por otro. Un vino así, sería redondo en su sabor, es decir que si representamos la intensidad de cada uno de los sabores fundamentales (dulce, ácido y amargo) en sus correspondientes vectores, la longitud de cada uno de ellos, sería idéntica, por lo que, al no sobresalir ninguno de ellos sobre los otros, nos daría esa sensación de redondez que podríamos representar de la siguiente forma:

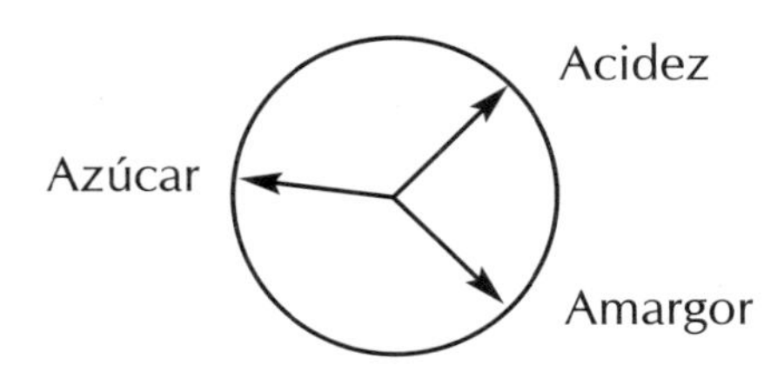

Es decir, resultaría una circunferencia perfecta, en la que ninguno de los sabores en ella representados, sería más largo (o intenso) que los otros, lo contrario que ocurriría si uno de los sabores resaltase sobre el resto o varios de ellos estuvieran descompensados, la circunferencia, al hacer la representación, se deformaría así:

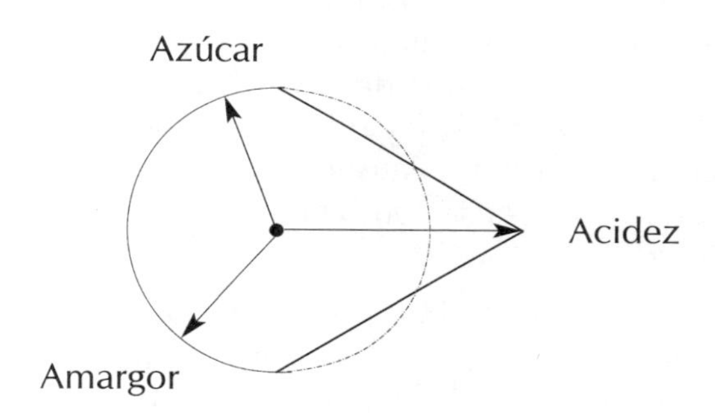

De estos vinos se dice que tienen arista.

Así pues, un buen vino, debería tener acidez suficiente que le dé frescura y viveza, pero que no resulte demasiada, unos taninos que le aporten una gran capa de color, cuerpo y consistencia, y todo ello, contrarrestado con el sabor dulce del alcohol, pero que no resulte vinoso

EL TACTO

A través del tacto percibimos las sensaciones que transmite el vino relacionadas con su consistencia, cuerpo o volumen y temperatura, y así, hablamos de sensibilidad táctil y sensibilidad térmica.

La primera hace referencia a los estímulos que distinguen la textura de los alimentos, relacionados con propiedades como la dureza, elasticidad, adherencia

y viscosidad, detectando, en el caso del vino su fluidez y untuosidad, que nos dan información sobre el carácter del cuerpo del vino, aspereza, o por el contrario su suavidad.

La sensibilidad térmica, está referida no sólo a la temperatura de servicio del vino, sino a las sensaciones térmicas producidas por los componentes del vino, así el alcohol, cuando es excesivo, produce sensaciones de ardor o causticidad, que se detectan en el paladar, o las sensaciones de frescor producidas por la acidez.

Asimismo, a través del tacto descubrimos determinadas características del vino, como el carbónico, que no siempre se detecta en fase visual.

Ejercicios prácticos de Cata

YA HEMOS apuntado que la cata de vino es un ejercicio gustativo donde priman la atención y la memoria, es decir, la cata requiere beber con atención y comparar las sensaciones percibidas con las ya registradas.

El aprendizaje de la cata debe basarse en un ejercicio continuado y repetido de degustación que nos amplíe el abanico de sensaciones y referencias, pero más que una degustación de vinos elegidos al azar, debe ir precedido de unos ejercicios seleccionados, para adquirir una mínima técnica de cata. Proponemos los siguientes

1.- Definición de los sabores básicos. Se realizan las siguientes preparaciones:

DULCE .... 20 g/l de sacarosa
ÁCIDO .... Ácido tartárico 1g/l
SALADO .... Cloruro de sodio 4g/l
AMARGO .... Sulfato de quinina 1g/l

2.- Umbrales de percepción de los sabores básicos. Preparar:

SACAROSA	0,5....1....2....4g/l
ÁCIDO TARTÁRICO	0,5....0,1....0,2 g/l
CLORURO SÓDICO	0,1....0,25....0,5.... 1,0 g/l
SULFATO DE QUININA	0,5....1.....2 mg/ l

3.- Degustación de diversos componentes del vino. Entre otros:

ÁCIDO MÁLICO.....................	1g/l
ÁCIDO TARTÁRICO..............	1g/l
ÁCIDO LÁCTICO....................	1g/l
ÁCIDO ACÉTICO	0,5 g/l
TANINO	1g/l

4.- Para conocer los diferentes aromas del vino se pueden realizar muchísimas preparaciones, limitándonos en este caso a los aromas más conocidos y fundamentalmente a los que representan algún defecto en el vino.

HERBÁCEO	Hexanol 2mg/l
PLÁTANO	Acetato de isoamilo 3mg/l
TERPENOS	Gerianol 0,4, Terpinol 2 y Linalol 0,08 mg/l
MERCAPTANO	Etilsulfuroso 0,1 mg/l
FERMENTACIÓN PÚTRIDA	ÁCIDO isobutírico 250 mg/l
PICADO	Acetato de etilo 100 mg/l

Para detectar el umbral de percepción de la acidez volátil, podemos añadir a un litro de vino 0,60; 0,75 y 0,90 g/l de acetato de etilo

Para detectar el umbral de percepción del sulfuroso, añadiremos a un litro de vino la cantidad de sulfito suficiente para que contenga 20 y 30 mg de sulfuroso libre.

Finalmente para detectar la acidez total, añadiremos 4 y 4,8 gramos de tartárico a un litro de vino.

Otro ejercicio que se puede realizar para conocer los defectos de los vinos, es la denominada cata triangular, en la que se presentan tres copas al catador, dos de las cuales contienen un mismo vino, con o sin defecto, debiendo identificar el catador, qué vinos de los presentados son idénticos.

5.- Por último, proponemos la descripción de diferentes vinos, una vez catados, mediante el uso de un vocabulario lo más preciso, que detalle las sensaciones percibidas en cuanto al color, olor y sabor, terminando con una conclusión sobre la calidad del vino degustado.

Un paso más en la valoración del vino catado, es el uso de las conocidas como "fichas de cata", donde se recogen los diferentes aspectos del vino que se tienen en cuenta en la cata, dando una puntuación para cada uno de ellos, resultando una valoración final. Existen varios modelos de fichas de cata, en función de los aspectos que se valoran y de la puntuación que se atribuye a cada uno de ellos o por grupos, variando así los resultados de la puntuación final.

A continuación recogemos algunos modelos comúnmente aceptados y utilizados de este tipo de fichas.

N.º CATADOR:	FECHA:	N.º MUESTRA:	D. O. ZONA:

BODEGA:	MARCA:

		EXCELENTE 6	MUY BUENO 5	BUENO 4	APROBADO 3	REGULAR 2	MALO 1	DEFECTUOSO 0	PTOS.
VISTA	MATIZ DEL COLOR	12	10	8	6	4	2	0	
	INTENSIDAD COLOR	6	5	4	3	2	1	0	
	ASPECTO DEL VINO	12	10	8	6	4	2	0	
VÍA NASAL	CALIDAD DEL AROMA	30	25	20	15	10	5	0	
	INTENSIDAD AROMA	24	20	16	12	8	4	0	
SENSACIONES GUSTATIVAS	CALIDAD SABORES	24	20	16	12	8	4	0	
	INTENSIDAD SENSACIONES	30	25	20	15	10	5	0	
VÍA RETRONASAL	CALIDAD SENSACIONES	18	15	12	9	6	3	0	
SENSACIONES TÁCTILES	CALIDAD	18	15	12	9	6	3	0	
PERSISTENCIA	CANTIDAD/CALIDAD	18	15	12	9	6	3	0	
EQUILIBRIO, ARMONIA, SENSACIÓN GLOBAL		30	25	20	15	10	5	0	
CORCHO		12	10	8	6	4	2	0	
PRESENTACIÓN		6	5	4	3	2	1	0	

TOTAL PUNTOS ....

MANIFESTATION

comission	échantillons	millesime	appellation du via	catégorie de présentation
n.º	n.º	....	....	....

date	heures
....	....

examen		EXCELLENT	TRES PUN	RUN	SUFFISANT	DESUFFISANT	MEDIOCRE	NEGATIF	NON CORRES-PONDANCE	EXCES	MANQUE	DESEQUILIBRE
VUE	FLUIDITE	4	3	2,5	2	1,5	1	0				■
	LIMPIDITE	8	7	6	4	2	1	0	■	■		■
	COULEUR — NUANCE	4	3	2,5	2	1,5	1	0		■	■	■
	COULEUR — INTENSITE	4	3	2,5	2	1,5	1	0				■
ODORAT	FRANCHISE	8	7	6	5	4	2	0	■	■		■
	INTENSITE	8	7	6	5	4	2	0		■		■
	FINESSE	8	7	6	5	4	2	0		■		■
	HARMONIE	8	7	6	5	4	2	0	■	■	■	
GOÛT FLAVEUR	FRANCHISE	8	7	6	5	4	2	0	■	■		■
	INTENSITE	8	7	6	5	4	2	0		■		■
	CORPS	8	7	6	5	4	2	0				■
	HARMONIE	8	7	6	5	4	2	0	■	■	■	
	PERSISTANCE	8	7	6	5	4	2	0	■	■		■
	SENSATION FINALE	8	7	6	5	4	2	0		■		
TOTAUX partiels	dizaines								TOTAL			
	unités											
	décimaux	■	■		■		■	■				

DEPRECIATION POUR / NATURE DES DEFAUTS
biologique ☐
chimico-physique ☐
accidentelle ☐
congénitale ☐

V.Q.P.R.D.		VIN DE TABLE A INDICATION GEOGRAPHIQUE	VIN DE TABLE
D.O.C.G. ☐	D.O.C. ☐	☐	☐

remarques

examinateur/s	signature/s

NÚMERO DE MUESTRA .... Fecha: ....

DENOMINACIÓN DE ORIGEN .... Catador: ....

CLASE DE VINO ....

									OBSERVACIONES
Fase Visual		0	1	3	4	6	9	∞	
Fase	Intensidad	0	2	6	8	12	18	∞	
Olfativa	Calidad	0	2	6	8	12	18	∞	
Fase	Intensidad	0	2	6	8	12	18	∞	
Gustativa	Calidad	0	3	9	12	18	27	∞	
Armonía		0	3	9	12	18	27	∞	

Excelente: 0 - 7 Muy Bien: 8 - 23 Bien: 24 - 44 Correcto: 45 - 52 Regular: 53 - 78 Defectuoso: 79 - 90 Eliminado: > 90

La elaboración del Vino

PARA ELABORAR un vino de forma correcta, y más si se trata de un buen vino, hay que tener en cuenta dos elementos imprescindibles: la uva y las técnicas de vinificación.

La Uva

Es el fruto de la vid (*Vitis vinifera*), base y origen del vino. Puesto que lo que se vinifica es la uva o el mosto procedente de ella, por tanto, podemos anticipar que un buen fruto (bien madurado y con sus componentes equilibrados) es imprescindible para la elaboración de un buen vino.

El racimo de uva tiene dos componentes: el raspón y las bayas o granos (las uvas propiamente dichas) que a su vez están compuestos fundamentalmente por el hollejo, la pulpa y las pepitas.

El escobajo o raspón es el esqueleto que soporta las uvas, y por su composición, a base de taninos y materia leñosa (madera joven) no suele utilizarse en la vinificación, por aportar sabores excesivamente ásperos y amargos.

El hollejo es la piel de la uva, y tiene gran importancia por que en él se encuentra la materia colorante (polifenoles), así como las esencias aromáticas propias de la variedad, que pasarán al vino durante la fermentación.

La pulpa, representa casi el 80% del peso de la uva, de ella se extrae el mosto, y contiene fundamentalmente agua, azúcares (glucosa y fructosa) y ácidos (tartárico y málico)

Las pepitas representan un pequeño porcentaje de la uva, su sabor es excesivamente áspero y amargo, por lo que se procura que no se machaquen durante los diferentes procesos de elaboración.

Lo primero que hay que pedir a una uva, es que sea de una variedad noble, entendiendo por ésta, la que por sus características, y mediante una cuidada elaboración, es capaz de aportar de forma equilibrada aromas finos, estructura y acidez. En segundo lugar el cultivo de la misma debe hacerse orientado a la calidad del producto y no a la cantidad, ello supone, entre otras cosas, un marco de plantación adecuado (distancia de las cepas entre sí a lo largo y ancho), podas cortas, utilización de forma selectiva de los productos químicos (fungicidas, herbicidas, etc.), producciones acordes, etc. todo ello siempre y cuando el terreno y la climatología acompañen a la variedad, para que realice una perfecta maduración (el momento en que los diversos componentes de la uva, fundamentalmente azúcares y ácidos llegan a su punto de equilibrio), tercera de las condiciones para obtener un buen fruto.

La Vinificación

Por vinificación entendemos las diferentes prácticas enológicas, orientadas a convertir las uvas o el mosto procedente de las mismas en vino. Una buena vinificación es la que tiende a aprovechar todo el potencial de la variedad o variedades utilizadas, para conseguir un vino de mayor complejidad aromático-gustativa, sin que ello suponga anular la personalidad del fruto o frutos (variedades o castas) utilizadas.

Hay varios tipos de vinificación según el tipo de vino que deseamos elaborar, aquí nos vamos a referir a las más comunes: blanco, rosado y tinto, y a dos de las más relevantes de las vinificación especiales: espumosos y generosos.

Vinificación en blanco

El vino blanco se puede elaborar tanto con uvas blancas como con uvas tintas, siempre que el jugo de la uva sea blanco.

Comienza con el estrujado y despalillado (operación que consiste en separar el raspón de los granos) para pasar después a un ligero prensado, en el caso de ser las uvas tintas, éste se realiza de forma rápida, para evitar el contacto del jugo con los hollejos, y con ello, su coloración.

ELABORACIÓN DE VINO BLANCO

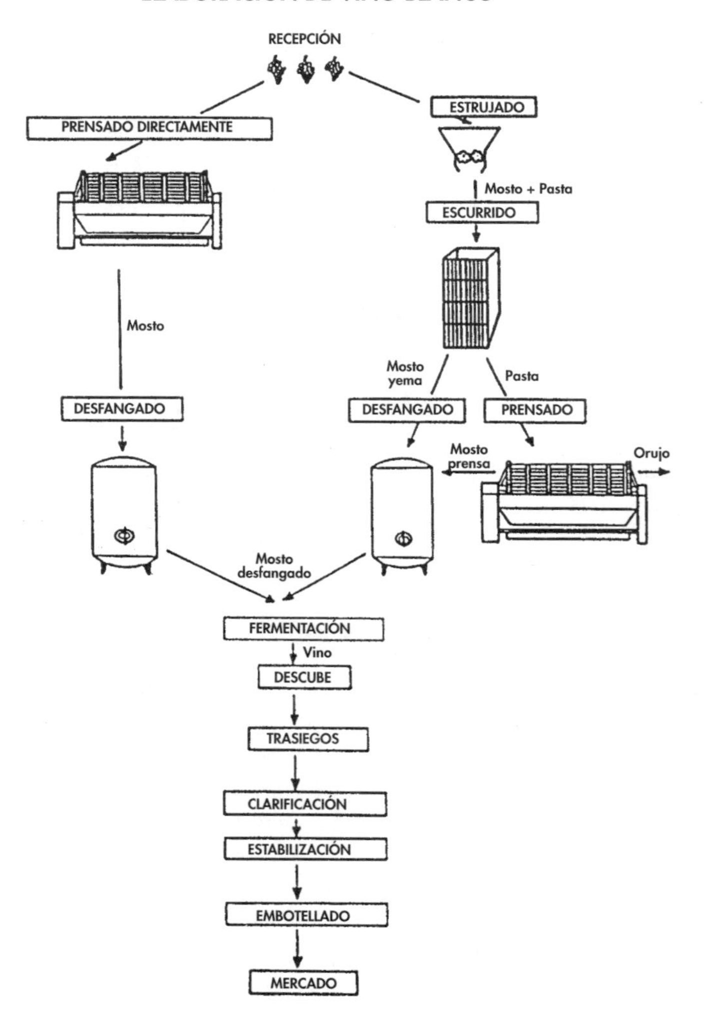

Al mosto obtenido se le añade anhídrido sulfuroso, y en un depósito a baja temperatura, para evitar que comience la fermentación, se le tiene varias horas macerando con los hollejos (siempre que no se esté vinificando uvas tintas). Este retraso de la fermentación propicia el precipitado de las sustancias sólidas y el contacto del mosto con las levaduras que contiene la pruina (especie de película existente en el hollejo, donde se fijan las levaduras nativas).

Para facilitar la fermentación, se ha extendido la práctica consistente en la adición de levaduras cultivadas, que proporcionan unos aromas intensos y agradables, aunque un tanto artificiales (plátano, piña, maracuyá, etc.), lo que conlleva una cierta homogenización de los aromas de vinos elaborados con diferentes varietales, restándoles personalidad.

La separación de las sustancias sólidas del vino, se conoce como "desfangado", operación previa a la fermentación del mosto ya limpio. La fermentación se realiza con temperatura controlada (15-20 °C) durante varios días y ello con el fin de que los aromas se liberen poco a poco y queden fijados en el vino.

Una vez finalizada la fermentación se realiza el "descube", para separar el vino de los posos y de los restos sólidos de la fermentación y evitar que un excesivo contacto genere aromas indeseables generalmente a suciedad (mercaptanos), aunque hay que señalar que lo anteriormente dicho es una generalidad, pues no hay que olvidar otras prácticas enológicas en que el vino se tiene un tiempo largo en contacto con las "lías" (restos de fermentación y levaduras), efectuando removidos temporalmente ("batonage").

Una vez que se considera terminado el vino, en función de la crianza o no del mismo, se embotella previo filtrado y estabilizado, prácticas generalizadas sobre todo si se trata de vino joven. Dichas prácticas están orientadas a eliminar las sustancias sólidas que están en suspensión y que con el tiempo precipitarían en el mismo, al mismo tiempo que a conseguir dar al vino un aspecto limpio y brillante.

VINIFICACIÓN EN TINTO

Comienza con dos operaciones simultáneas: el estrujado para romper la uva y propiciar que el mosto entre en contacto con la parte externa del hollejo (pruina) donde se encuentran las levaduras; y el despalillado, que consiste en separar el raspón de la uva.

La pasta resultante, una vez sulfitada (adición de anhídrido sulfuroso), pasa a los depósitos de fermentación (en la actualidad se ha generalizado el uso de depósitos de acero inoxidable, aunque los grandes conos de madera y las barricas se siguen utilizando como recipientes para la fermentación) donde se realiza la fermentación alcohólica. Consiste esta fermentación en el desdoblamiento del azúcar procedente del mosto, por efecto de las levaduras, en alcohol y gas carbónico, produciendo una elevación de la temperatura, que de forma casi generalizada, se viene controlando, para que no supere los 30-32 °C, temperatura por encima de la cual, las levaduras se "afogonarían" y dejarían de trabajar, quedando de esta forma en el vino azúcares residuales no deseados.

La fermentación se realiza durante un periodo más o menos largo, llamado "encubado", dependiendo del tiempo que queramos que macere el mosto con el hollejo y la temperatura de la fermentación, todo ello con el fin de extraer más o menos materia colorante. Esta fase es importantísima, porque de ella dependerá en gran medida, la posibilidad de someter posteriormente el vino a una crianza más o menos prolongada o comercializarlo como un vino joven.

Terminada la fermentación alcohólica, se produce el "descube", y el vino limpio se traslada (trasiega) a otro depósito o barricas, donde realizará la segunda fermentación, llamada "maloláctica", la que por efecto de las bacterias lácticas, transforma el ácido málico en ácido láctico, desapareciendo aquel, con lo que se rebaja la acidez total del vino, suavizándolo y haciéndolo más grato al paladar.

Con la pasta del hollejo, llamada "orujo" se procede a realizar varios prensados, de donde se obtiene el llamado vino de prensa, primera, segunda, etc., siendo siempre de inferior calidad que el vino resultante del escurrido.

Una vez que se considera que el vino está terminado, en intervalos de tiempo entre cuatro y seis meses, se procede a realizar tantos trasiegos como se consideren oportunos, antes de proceder a su clarificación y embotellado, dependiendo de que tipo de vino queramos comercializar, joven o con más o menos crianza. En este último caso, se realiza ésta durante el tiempo que se considere necesario, primero en barrica y luego en botella.

La crianza del vino esta muy reglamentada por las D.O. (denominaciones de Origen) y aunque puedan existir diferencias, podemos decir que de forma casi generalizada, para un vino de crianza se establece un mínimo de seis meses en barrica y un año y medio en botella, para un vino de reserva un año en barrica y tres en botella y para un gran reserva un mínimo de dos años en barrica y tres en botella.

La reglamentación sobre la crianza del vino, anteriormente expuesta, supone un cierto encorsetamiento para enólogos y bodegueros, al establecer como único criterio los tiempos mínimos de crianza, dejando de lado otros básicos y fundamentales, tales como la calidad de la añada en cuestión, el tipo de vino que desean elaborar enólogo y bodeguero, el tipo de madera utilizado, etc., ya que ni todas las añadas pueden soportar el mismo tiempo en barrica, ni todos los vinos pueden soportar los diferentes tipos de madera de las barricas. Existe pues una tendencia a la liberalización de las prácticas de crianza, considerando cada vez más relevante el criterio del enólogo, sobre el tiempo que ha de durar la crianza tanto en barrica como en botella, en función, como ya hemos dicho, del tipo de uva, de la añada, tipo de vino, madera utilizada, tueste, etc., lo que no deja de tener su lógica, pues al final es el consumidor el que debe decidir sobre la bondad o no de la crianza realizada.

Un aspecto fundamental en la crianza del vino es la madera utilizada, así como el tueste al que se somete la misma para aportar los tonos típicos de éste. Hay que reseñar que actualmente sólo se considera al roble como madera noble para crianza del

FE DE ERRATAS

Debido a un error informático en las páginas 39 y 45, en el primer párrafo de dichas páginas, se ha producido un movimiento de texto, que no afecta al contenido.

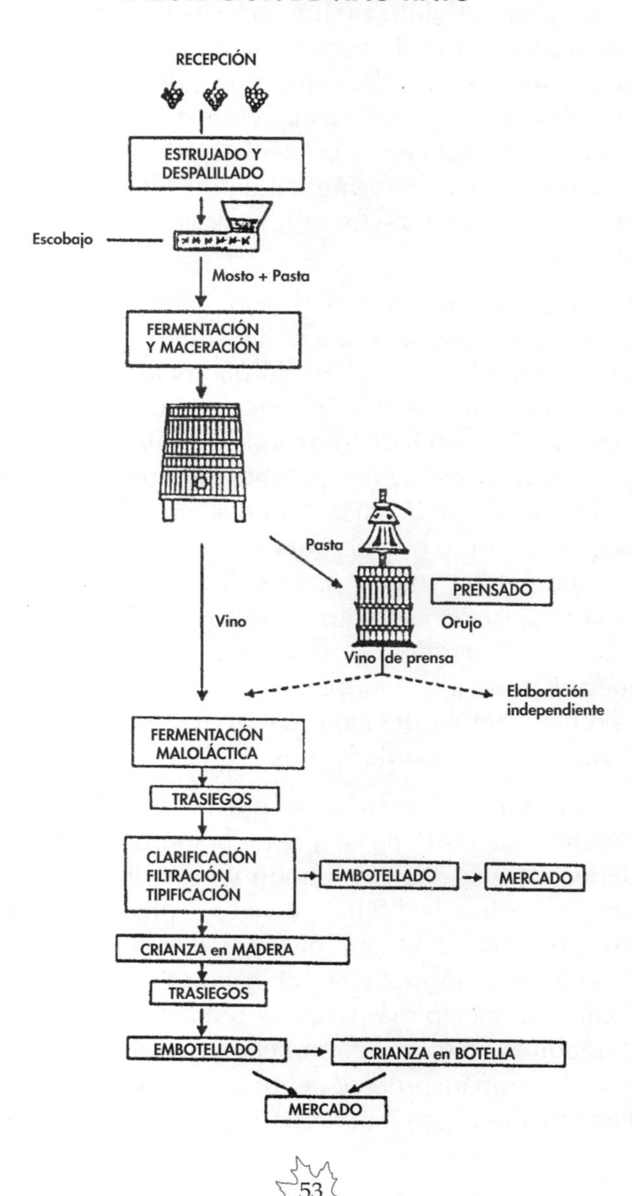
ELABORACIÓN DE VINO TINTO
RECEPCIÓN
ESTRUJADO Y DESPALILLADO
Escobajo
Mosto + Pasta
FERMENTACIÓN Y MACERACIÓN
Pasta
PRENSADO
Orujo
Vino
Vino de prensa
Elaboración independiente
FERMENTACIÓN MALOLÁCTICA
TRASIEGOS
CLARIFICACIÓN FILTRACIÓN TIPIFICACIÓN
EMBOTELLADO
MERCADO
CRIANZA en MADERA
TRASIEGOS
EMBOTELLADO
CRIANZA en BOTELLA
MERCADO

vino desechando cualquier otro tipo de madera. Dentro de éste se utilizan fundamentalmente el roble americano y el roble francés, aunque se comienza a utilizar roble de los llamados países del este de Europa. La diferencia fundamental entre el roble francés y el americano está en la porosidad del mismo, lo que influye de forma fundamental en dos cosas: la oxigenación del vino a través de los poros, y el coste de la barrica.

El roble americano es menos poroso, porque la savia que circula de forma radial contiene una sustancia que tapa los poros, con lo que deja pasar menos oxígeno a través de ellos, propiciando de esa forma, el aserrado del tronco de forma transversal a la dirección del radio, y consiguiendo con ello un aprovechamiento mayor de la madera y un abaratamiento de los precios, en tanto que el roble francés al ser mas poroso, permite un mayor aporte de oxígeno, pero un menor aprovechamiento, puesto que los troncos deben ser hendidos, es decir, partidos en forma de quesitos, para posteriormente, sacar las maderas (duelas) en el sentido del radio del tronco y evitar así que el vino se cuele por los poros.

Existen dos operaciones previas al embotellado, aunque muchas bodegas y en función del vino, prescinden de ellas, son el filtrado y estabilizado. El primero se realiza con filtros (de arena, placas, membranas porosas, etc.) con el fin de eliminar futuros depósitos sólidos del vino, al mismo tiempo que conseguir un aspecto más limpio y brillante, en tanto que el estabilizado se realiza sometiendo al vino a un proceso de frío para propiciar el precipitado de sales, fundamentalmente los bitartratos, que son esos pequeños cristales que suelen quedar pegados a la pared de la botella o al corcho.

Vinificación en rosado

En realidad se trata de una vinificación como si de un vino blanco se tratara, con la diferencia de que las uvas utilizadas, son tintas.

La fermentación se lleva a cabo como en el vino blanco, en ausencia de los hollejos y es durante la maceración anterior a la fermentación donde se produce la liberación, o aportación de color, ya que la maceración sí se hace en presencia de los hollejos. Lógicamente hay muy poca aportación de color, no sólo por el escaso tiempo que dura ésta (normalmente entre 24 y 48 horas), sino porque la misma se realiza a baja temperatura para evitar el comienzo de la fermentación.

El resto de prácticas son idénticas a las mencionadas para la vinificación en blanco.

Vinificación de los vinos generosos

La gran variedad de tipos de vino que se elaboran en la D.O. Jerez y Manzanilla de Sanlúcar de Barrameda, impide una descripción pormenorizada de cada uno de ellos, por lo que nos vamos a referir a los dos tipos de vinos más extendidos y más comunes: finos y olorosos.

Partiendo de un vino base, elaborado al 100% con uva "Palomino", se realiza una primera clasificación,

previa cata por un experto (a veces antes incluso del "deslío", es decir antes de separar el vino de los restos de residuos de la fermentación) para determinar a que tipo de crianza se va a dedicar el vino en cuestión: "biológica", también llamada "bajo velo" u oxidativa. La primera se corresponde con los vinos finos y la segunda con los olorosos.

Si al catar el vino no quedasen claras sus características, puede quedar un tiempo (un año o dos) "sobre tablas", es decir en espera de una segunda clasificación.

El vino clasificado para crianza "biológica" se encabeza con alcohol vínico hasta 15%, (hay que tener en cuenta que el vino base que proporciona la uva palomino, en la zona de Jerez suele alcanzar sólo un 11% de alcohol), para pasar después a las llamadas "soleras y criaderas", sistema de crianza, consistente en una escala de "botas" (barricas) apiladas unas encima de otras, que contienen vinos de diferentes edades medias, según el lugar que ocupen en la escala, las que están en el suelo (soleras) contienen el vino más viejo, descendiendo la edad a medida que vamos subiendo en la escala (criaderas).

Todos los años se procede a la "saca" y el "rociado". La saca consiste, como su nombre indica, en sacar vino de la "solera" para su embotellamiento y puesta en venta en el mercado, rellenándose la cantidad retirada con el vino de las barricas de la fila inmediatamente superior y así sucesivamente con el resto, siendo la última criadera, la de más arriba, rellenada con el último vino elaborado o con el que estaba pendiente de clasificar (sobretablas).

ELABORACIÓN Y CRIANZA DE LOS VINOS GENEROSOS

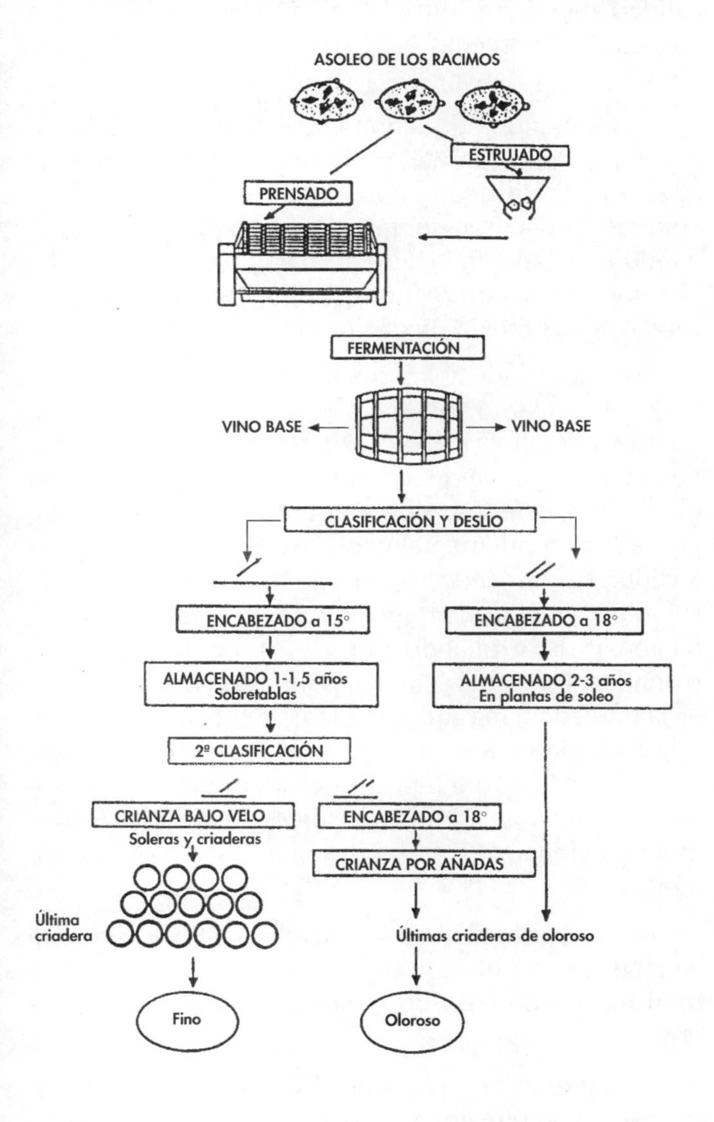

Este proceso homogeniza el vino y mantiene la calidad constante, pues elimina la influencia de las añadas y las cosechas.

El carácter del vino así criado viene determinado por la formación del denominado "velo" en las barricas. En la llamada crianza "biológica", las barricas se dejan vacías en una quinta parte aproximadamente y abiertas, es decir en contacto con el oxígeno, desarrollando una capa de levaduras (nata), por la acción del alcohol y de los nutrientes que tiene el vino, que preservan al vino de la oxidación.

Estas levaduras (nata o velo), en la zona de Jerez, tanto en invierno, por la bajada de la temperatura, como en verano, por lo contrario, precipitan al fondo de la barrica, dejando al vino en contacto directo con el oxígeno, mientras que en Sanlúcar de Barrameda, por efecto fundamentalmente de su microclima, las levaduras permanecen durante todo el año en la superficie del vino, protegiéndolo de una posible oxidación y desarrollando por ello, unos tonos menos oxidados. De forma sencilla, podríamos decir que esta es la diferencia más importante entre el "fino" de Jerez y la conocida como "manzanilla", que a su vez también es un fino, diferencia que se aprecia fundamentalmente en los aromas que presenta, más salinos y menos oxidados en la manzanilla que en el fino de Jerez.

Por su parte, el vino clasificado para "oloroso", se encabeza hasta el 18% de alcohol vínico, y se somete al mismo proceso de "soleras y criaderas" ya descrito.

La diferencia con los finos estriba en que las barricas están completamente llenas y a resguardo de cual-

quier tipo de aireación, por lo que no desarrollan el velo de levaduras y sin embargo se produce una oxidación a través de los poros de las barricas, que le proporciona el color oro viejo y caoba, típico de este tipo de vinos

Vinificación de espumoso

El vino espumoso, conocido en Francia como "champagne", por producirse en esta región, y en España como "cava", se elabora mediante el método "tradicional" o "champenoise".

Partiendo de un vino base, que puede ser de una determinada añada o mezcla de varias, se le embotella añadiendo un líquido compuesto entre otras sustancias de levaduras, azúcares, etc., con el fin de que realice una segunda fermentación en botella, es la operación que se conoce como "tiraje".

Una vez tapada la botella, se la almacena en posición horizontal, lo que se conoce como "rima", durante un periodo que varía, en función del vino que se quiera elaborar, pero que tiene unos periodos mínimos establecidos, nueve meses para el cava, y durante los cuales desarrolla la espuma característica de este tipo de vinos

Terminada la fermentación o el periodo previsto en "rima", el vino pasa a los "pupitres", tablas de madera con unos agujeros en donde se coloca el cuello de la botella de forma horizontal, procediendo diariamente, y durante un periodo que se prolonga durante unos quince días aproximadamente, a dar un pequeño giro a la botella de un octavo de vuelta apro-

ELABORACIÓN DE VINOS ESPUMOSOS

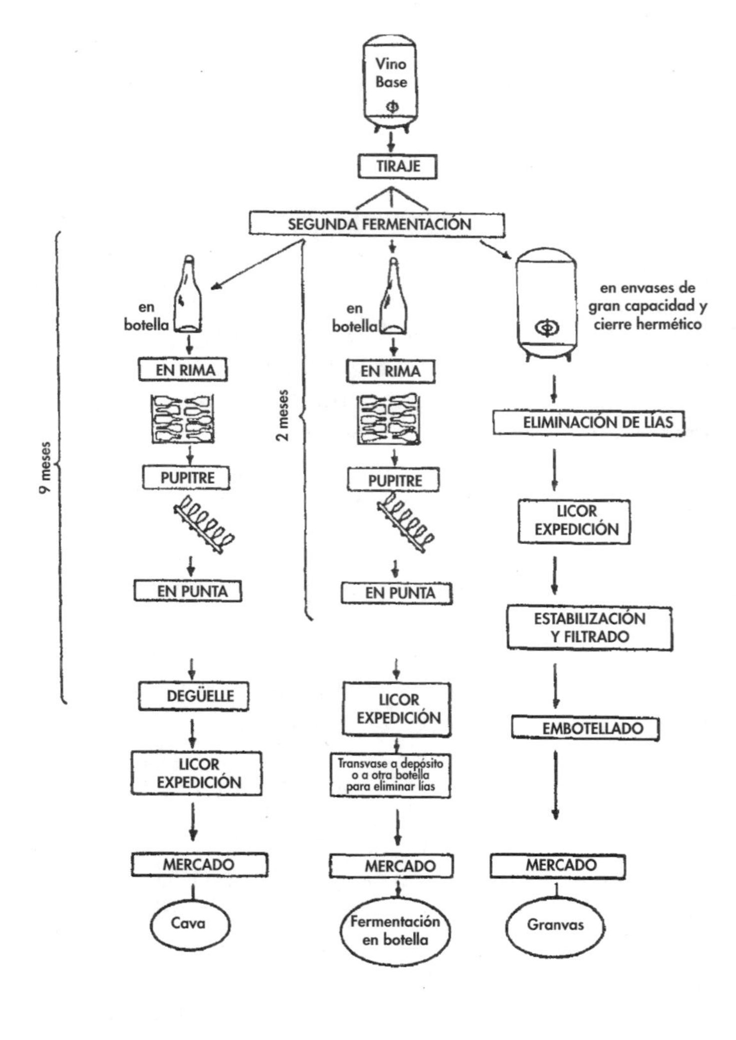

ximadamente, al mismo tiempo que se la inclina poco a poco, para facilitar el precipitado de los posos, procedentes de la fermentación en botella, al gollete de la misma.

Una vez terminada la fase anterior, se realiza el "degüello", que no es sino la eliminación de las lías y residuos sólidos procedentes de la fermentación y ya depositados en el gollete, operación que va acompañada por la pérdida de líquido, que es suplida por el llamado "licor de expedición", el cual viene a definir el carácter de cada cava o champán, ya que su composición es determinada por cada elaborador para darle el sabor y gusto deseado.

La clasificación de los vinos espumosos, depende de la cantidad de azúcar residual, existiendo las siguientes categorías:

– Brut Nature:	Hasta 6 g/l
– Brut:	Hasta 15 g/l
– Extra-seco:	Entre 12 y 20 g/l
– Seco:	Entre 17 y 35 g/l
– Semi-seco:	Entre 33 y 50 g/l
– Dulce:	Más de 50 g/l

El lenguaje del Vino

UNO DE LOS retos a los que se enfrenta el catador y una de las mayores dificultades de la cata, es la manera de describir las sensaciones percibidas, ya que se trata de percepciones subjetivas. Saber objetivarlas y definir esas sensaciones, a través de un lenguaje inteligible para el resto, es una de las cualidades que debe adornar a todo buen catador, pues éste, no sólo ha de poseer una gran capacidad sensitiva para percibir las cualidades organolépticas de un vino, sino también debe ser capaz de transmitir de forma accesible y comprensible esas sensaciones.

No existe un lenguaje específico del catador, sino que éste acude a la comparación de lo que conoce (atributos humanos, formas geométricas, adjetivos, etc.), se apoya en sus recuerdos y explora dentro de los mismos, buscando aquéllos que le sugieren o identifican con ésta u otra sensación percibida, para ponerlas en relación con lo captado, de tal manera que pueda ser comprendida por otras personas, y así, al igual que en otras disciplinas, se ha ido conformando un lenguaje específico del vino, pero que generalmente utiliza una serie de vocablos de uso cotidiano, a los que se da un significado más concreto y a veces diferente a los usuales del mismo.

A continuación se relacionan una serie de vocablos que se utilizan comúnmente para la descripción de vino sometido al análisis sensorial.

ABIERTO.- Se dice del vino de color poco intenso (capa baja). También se emplea para definir un vino falto de estructura, al tener una insuficiente extracción de color.

ABOCADO.- Vino moderadamente dulce por tener azúcares residuales (azúcares sin fermentar), entre 5 y 15 gramos por litro.

ACEITOSO.- Vino que tiene un aspecto oleoso, debido a una enfermedad del vino llamada "vuelta" o "ahilado".

ACERBO.- Vino con acidez excesiva, originada fundamentalmente por un exceso de ácido málico.

ACETALDEHIDO.- Proviene de la transformación de alcohol en aldehído, por efecto de la oxidación, generalmente a causa del envejecimiento. Se produce fundamentalmente en los vinos con crianza biológica y sus olores normalmente son poco agradables.

ACETATO DE ETILO.- Es el responsable del olor a vinagre.

ÁCIDO.- Vino con elevada acidez total y pH en torno a 3.

ACUOSO.- Vino desequilibrado por falta de acidez, alcohol y extracto, que transmite sensaciones acuosas.

AFRUTADO.- Vino aromático que nos recuerda los aromas de las frutas procedentes de la propia uva, llamados también aromas primarios. Muy común en los vinos jóvenes.

AGRAZ.- Se denomina así a la uva que no ha madurado. Por extensión se emplea para definir los vinos que presentan los sabores de esas uvas: agrestes y ácidos.

AGUJA.- Sensación puntillosa que produce el gas carbónico presente en determinados vinos.

AHILADO.- Vino viscoso que recuerda al aceite. El ahilado es una enfermedad producida por un ataque de bacterias, generalmente lácticas.

ALCALINO.- Vino carente de acidez, sin nervio, insulso.

ALMIZCLADO.- Vino con aromas que recuerdan el almizcle.

ALOQUE.- Vino de color tinto claro, en general, procedente de la mezcla de vinos blancos y tintos, o elaborado con uvas tintas y blancas.

AMARGO.- Vino con exceso de sabor amargo, producido normalmente por el estrujado de las pepitas.

ÁMBAR.- Color del vino originado por la oxidación. También se dice del olor que proporciona el ácido succínico.

AMPLIO.- Vino repleto de cualidades y matices que se manifiestan ampliamente en la nariz y en la boca.

ANUBADO.- Vino de color grisáceo.

APAGADO.- Vino con las cualidades organolépticas muy amortiguadas.

ARDIENTE.- Vino con exceso de alcohol que produce una sensación cáustica en el paladar.

ARISTA.- Sensación que produce el vino que tiene alguno de sus parámetros fundamentales (generalmente acidez y amargor) descompensados y que es contraria a la sensación de redondez que produce un vino cuyos componentes están equilibrados.

ARMONIOSOS.- Vino equilibrado, donde todos sus componentes se han conjuntado.

AROMÁTICO.- Vino con mucha e intensa fragancia.

ÁSPERO.- Vino con exceso de tanino que produce sensaciones astringentes y rugosas.

ASTRINGENTE.- Vino áspero, que produce sensación de roce al ser ingerido.

ATERCIOPELADO.- Vino que produce sensaciones suaves y untuosas, propias de un vino de calidad.

BALSÁMICO.- Aromas intensos, frescos, que recuerdan a la menta, presentes en los vinos bien elaborados y de calidad.

BASTO.- Vino vulgar.

BOUQUET.- Aromas exclusivos de los vinos con crianza.

BRILLANTE.- Vino limpio y transparente y que al trasluz brilla.

BRUT.- Vino espumoso con un contenido de azúcar añadido de hasta un máximo de 15 g por litro, recibiendo el nombre de "nature", cuando el máximo de azúcar se rebaja a 6 g/l.

BUTÍRICO.- Vino con olor a rancio.

CABEZÓN.- Vino con exceso de alcohol.

CÁLIDO.- Vino que produce esta sensación por su contenido en alcohol.

CAPA.- Intensidad de color de un vino.

CARNOSO.- Vino estructurado que produce sensación de volumen y consistencia.

CAUDALIA.- Medida de persistencia del sabor de un vino.

CERRADO.- Vino que tarda en expresar sus cualidades aromáticas, por un exceso de tiempo en botella.

COMPLEJO.- Vino de calidad que transmite una gran variedad e intensidad de aromas elegantes.

COMPLETO.- Se dice del vino que satisface plenamente por tener todas sus cualidades bien presentes.

COMÚN.- Vino anodino que no presenta virtudes ni defectos, sin personalidad.

CORCHO.- Olor a humedad y moho que transmite al vino el corcho que padece este defecto.

CUBIERTO.- Se dice del vino con mucha intensidad o "capa" de color.

CUERO.- Aroma que presentan los vinos con prolongada crianza, sobre todo en botella, y que recuerda a este material.

CUERPO.- Vino consistente, con estructura y gran contenido en extracto seco, polifenoles y otras sustancias sápidas.

DÉBIL.- Vino con aromas y sabores poco pronunciados.

DECRÉPITO.- Vino cuyas virtudes se han apagado o desaparecido por el paso del tiempo.

DELGADO.- Vino falto de carácter.

DELICADO.- Vino con aromas de calidad, pero que se expresan de forma sutil.

DESCARNADO.- Vino falto de estructura, liviano.

DESEQUILIBRADO.- Vino descompensado por la falta de armonía entre sus componentes.

DURO.- Vino que produce sensación desagradable por su acidez o tanicidad elevadas y descompensadas.

EDULCORADO.- Vino al que se ha añadido azúcar y presenta un dulzor que no es identificable con los propios de la uva.

ELEGANTE.- Vino complejo y equilibrado, cualidades relacionadas con la calidad.

ENCABEZADO.- Vino al que se ha añadido alcohol, antes de fermentar o después. Esta práctica es muy utilizada en las vinificaciones especiales de vinos de licor o generosos.

ENVERADO.- Vino procedente de uva que no ha madurado completamente y, por ello, su graduación alcohólica no supera los 9º.

EQUILIBRADO.- Vino armonioso, en donde ninguno de sus componentes destaca sobre los demás.

ESPUMOSO.- Vino que contiene gas carbónico, producido por una segunda fermentación.

EXTRACTO.- Término utilizado para definir el extracto seco del vino, compuesto por una serie de sustancias no volátiles.

EVOLUCIONADO.- Un vino con estas características es el que ha perdido parte de sus cualidades organolép-

ticas, debido al paso del tiempo. Se considera una calificación negativa, pues el vino ya está en decadencia y ha pasado sus mejores momentos.

FATIGADO.- Vino que no presenta una o varias cualidades de forma plena, por haber sido objeto de alguna manipulación en bodega (trasiego, filtrado, etc.), o por el transporte.

FINO.- Se dice de un vino elegante, y también, se denomina así, a los vinos de Jerez y Sanlúcar de Barrameda, sometidos a crianza biológica.

FLOJO.- Vino con poca graduación alcohólica.

FLORAL.- Vino cuyos aromas recuerdan al perfume de las flores.

FRAGANTE.- Vino que tiene aromas intensos.

FRANCO.- Vino de aromas limpios, sin defecto.

FRESCO.- Vino con buena acidez, superior a un vino tipo de su clase, que produce una agradable sensación de frescor.

FRUTAL.- Vino cuyos aromas recuerdan los de los frutos.

GENEROSO.- Vino elaborado, generalmente con adición de alcohol vínico.

GERANIOL.- Aroma presente en determinados vinos, que recuerda al geranio. Se considera un defecto y tiene su origen en la degradación del ácido sórbico, al combinarse con las lías del vino.

GLICÉRICO.- Vino untuoso.

GOLOSO.- Vino con azúcares residuales, fácil de beber.

GRASO.- Vino con paso de boca untuoso.

HERBÁCEO.- Se aplica a los vinos, cuyos aromas, recuerdan la hierba, heno, etc. También se emplea, como un defecto, cuando recuerda los tonos verdes duros del raspón o de la uva inmadura.

HOLANDA.- Aguardiente obtenido de la destilación del vino.

HUECO.- Vino insulso.

JOVEN.- Vino que adquiere la plenitud sus cualidades organolépticas al poco tiempo de elaborarse, por lo que puede y debe beberse pronto para disfrutar dichas cualidades.

LÁCTEOS.- Aromas que recuerdan la leche y sus derivados.

LÁGRIMA.- Mosto obtenido por el escurrido de sus racimos, sin pasar por la prensa.

LÁGRIMAS.- Gotas que escurren por las paredes de la copa, después de agitar el vino dentro de ella, debido a los alcoholes del vino.

LARGO.- Vino cuyas cualidades sápidas permanecen una vez ingerido. Atributo de los vinos de calidad.

LÍAS.- Residuos sólidos de la fermentación que si se mantienen mucho tiempo en contacto con el vino, pueden aportarle aromas desagradables y sucios.

LIGERO.- Vino con poco alcohol y extracto, aunque, no por ello, deje de resultar agradable.

LIMPIO.- Vino franco en nariz, sin olores extraños ni defectuosos.

LLENO.- Vino amplio, con cuerpo, que satisface en la boca.

MADERIZADO.- Vino oxidado en exceso, por una estancia prolongada en madera y que recuerda a los vinos de Madeira, aunque no tenga sus atributos.

MANCHADO.- Vino blanco con ligeros tonos coloreados, por contener uvas tintas.

MANZANILLA.- Vino fino elaborado en Sanlúcar de Barrameda.

MERCAPTANO.- Compuesto azufrado de olor muy desagradable.

MOHO.- Defecto que aparece en algunos vinos, causado por uvas podridas o recipientes enmohecidos que recuerda los olores propios de la humedad.

MORDIENTE.- Vino desagradable en boca, por su exceso de acidez.

NERVIOSO.- Vino cuya acidez le proporciona carácter y viveza.

NEUTRO.- Vino un tanto anodino, sin personalidad ni carácter alguno que lo defina.

NOBLE.- Vino de calidad.

NUEVO.- Vino joven, menor de un año.

OLOROSO.- Vino de crianza oxidativa, típico de Andalucía.

OPACO.- Vino que no deja pasar la luz, como consecuencia, generalmente, de su turbidez.

OXIDADO.- Vino que tiene alteradas sus cualidades, por una excesiva aireación.

PAJIZO.- Tono de color que se aplica al vino blanco, más intenso que el pálido y menor que el color de

la paja. Se le suele describir con algún matiz de carácter verdoso, dorado, etc.

PASADO.- Vino cuyas cualidades han decaído por el paso del tiempo.

PASTO (de).- Vino basto.

PELEÓN.- Vino común y vulgar.

PENETRANTE.- Vino de aroma intenso.

PERFUMADO.- Vino rico en variedad e intensidad de aromas.

PERSISTENTE.- Vino cuyo sabor permanece un tiempo, después de su ingesta.

PICADO.- Avinagrado.

PLANO.- Vino sin contraste, donde sus componentes no se manifiestan.

PODEROSO.- Vino bien estructurado, que deja sensación de plenitud.

POSTGUSTO.- Sensaciones que deja el vino después de ser ingerido.

PULIDO.- Vino que tiene redondeados y conjuntados acidez y taninos, como consecuencia de su guarda en botella.

RANCIO.- Vino obtenido con crianza oxidativa de forma forzada, por exposición a los contrastes térmicos.

RECIO.- Vino con cuerpo y alcohólico.

REDONDO.- Vino de calidad por el equilibrio y armonía de sus componentes, que transmite sensación de plenitud.

RETROGUSTO.- Sensaciones que perviven después de ser ingerido el vino.

REMONTADO.- Operación que se lleva a cabo durante la fermentación, para airear el mosto. Se dice también del vino que, por efecto de la oxidación, ha perdido cualidades.

ROBUSTO.- Vino con alcohol y extracto que transmite consistencia.

SECO.- Vino carente de azúcares residuales.

SEDOSO.- Vino suave en su paso por boca.

SIRUPOSO.- Vino con aspecto denso, parecido al jarabe.

SOSO.- Vino plano, sin ningún carácter relevante.

SUAVE.- Vino agradable y fácil de beber.

SUCIO.- Vino que presenta algún defecto a la vista o en la nariz.

SULFHÍDRICO.- Olor desagradable que presentan los vinos, por alteraciones de los compuestos de azufre.

SULFUROSO.- Defecto que presentan los vinos por un exceso de anhídrido sulfuroso.

SUTIL.- Vino delicado que presenta cualidades organolépticas de calidad, pero que se manifiestan de forma atenuada y necesitan, por ello, una mayor atención para ser detectadas.

TABACO.- Aroma que presentan algunos vinos y que lo recuerdan.

TÁNICO.- Vino astringente, con exceso de tanino.

TAPÓN.- Se refiere al olor a corcho.

TERPENOS.- Compuestos químicos responsables de la fragancia que aportan a los vinos determinadas variedades de uva, como la moscatel.

TERROSO.- Vino que presenta sabor a tierra por algún defecto en su elaboración.

TERRUÑO.- Cualidades organolépticas propias de los vinos producidos en una zona determinada donde se asientan los viñedos.

TINTA.- Matiz aromático de algunos vinos que la recuerdan.

TÍPICO.- Vino con características propias de la zona de donde proviene.

TRANQUILO.- Vino sin gas carbónico.

TURBIO.- Vino sucio de aspecto.

UNTUOSO.- Vino amplio en boca y glicérico.

VAINILLA.- Aroma que presentan los vinos de crianza en madera, y que recuerda a esta especia.

VARIETAL.- Variedad de uva y, por extensión, vino elaborado con una variedad (mínimo el 85%).

VELADO.- Vino cuya limpidez se ha alterado.

VERDE.- Vino con exceso de acidez, sobre todo procedente del ácido málico. También se refiere a los vinos de esta D.O., producidos en el norte de Portugal.

VIGOROSO.- Vino robusto de intensas cualidades organolépticas.

VINOSO.- Vino en el que destacan de forma pronunciada los tonos a alcohol, bien por exceso del mismo o por desequilibrio con el resto de componentes, lo que le hace basto.

VIOLETA.- Aroma que evoca a esta flor.

VIVO.- Vino que presenta un buen aspecto, brillante y con buena evolución.

VOLÁTIL.- Acidez proveniente del ácido acético y que en cantidades superiores a 0,7 g/l. es detectada en nariz, haciendo el vino difícilmente bebible.

VOLUMEN.- Sensación que producen los vinos de buena capa de color y estructura, amplios en boca.

VULGAR.- Vino poco o nada atractivo.

YODADO.- Matiz de color que presentan determinados vinos.

Variedades de Uva

SE CIFRAN en cientos las variedades de uva que existen en el mundo, de las que España tiene una buena representación.

Nuestro propósito en este apartado, ha sido relacionar aquéllas que tienen una mayor implantación e importancia, no sólo desde el punto de vista cuantitativo sino cualitativo y así aparecen variedades seleccionadas por su extensión de cultivo y otras por la calidad de los vinos que con ellas se elaboran.

De cada una de ellas se ha tratado de dar datos relativos a la zona de origen y cultivo, tipo de vinos o características de los que con ella se elaboran, así como los diferentes nombres por los que se las conoce.

En función de lo anterior cabe destacar las siguientes:

AIREN.- La uva más extendida en la Península y la variedad principal en la Mancha y Valdepeñas. Variedad blanca de color mas bien pálido, fértil y resistente a la sequía, proporciona vinos azucarados y afrutados pero, en general, faltos de acidez. Se la conoce también por los nombres de Lairen y Manchega.

ALBARIÑO.- Variedad blanca y principal en la D.O. Rias Baixas, esta extendida también por el norte de Portugal y resto de Galicia. Produce vinos florales, muy afrutados y de intenso aroma, con mucha personalidad. Se la conoce también por el nombre de Azal blanco.

BOBAL.- Se cultiva fundamentalmente en Valencia y Alicante, siendo variedad principal en la D.O. Utiel-Requena. Uva que proporciona gran color y brillantez a los vinos, de aromas algo rústicos y poco intensos, boca fresca, tánica y con cierto fruto. También se la conoce con el nombre de Coreana, Requena y Valenciana tinta.

CABERNET SAUVIGNON.- Variedad noble de Burdeos, extendida por todo el mundo y autorizada en muchas de las D.O. de nuestro país. Produce, en general, vinos muy estructurados y aptos para la crianza, de color y aromas intensos con mucha personalidad, que traen recuerdos a la violeta, arándanos, grosella, etc.

CARIÑENA.- Variedad procedente de Aragón, también utilizada en Rioja y Priorato y muy extendida en Francia. Uva de gran acidez y color, con poca tendencia a la oxidación, es idónea para el envejecimiento, aunque su intensidad aromática sea más bien corta. En la Rioja se la conoce con el nombre de Mazuelo y en Cataluña con el de Samso.

CHARDONNAY.- Variedad blanca de origen Borgoñón, donde es la base de vinos nobles como el Chablis, es también una de las variedades básicas en la elaboración del famoso champagne. Uva ideal para el envejecimiento en madera por su escaso nivel de oxidación, produce vinos donde resaltan los aromas ahumados y algún recuerdo a grosella, untuosos y generalmente muy estructurados.

GARNACHA TINTA.- Variedad muy extendida no sólo en España sino en el resto del mundo, fundamentalmente en Francia e Italia, es rústica y resistente a la sequía y las enfermedades. Por su forma de madurar, presenta una fácil oxidación, lo que la inhabilita en gran medida para elaborar vinos de crianza. Sin embargo, los vinos jóvenes, son carnosos, aromáticos (frutos silvestres) aunque, un tanto faltos de acidez, empleándose mucho para elaborar vinos rosados, frescos y de bonita tonalidad. Se la denomina también Aragonés, Gironet y Navarra.

GARNACHA TINTORERA.- Variedad implantada en regiones tan dispares como Levante y Galicia, produce vinos robustos y de elevado extracto. Se la conoce también con los nombres de Alicante y Tintorera.

GODELLO.- Uva blanca, presente en toda Galicia y fundamentalmente en la D.O. Valdeorras que con una cuidada elaboración proporciona vinos muy aromáticos, con una buena compensación de acidez y azúcares, y sensaciones untuosas. Se la denomina también Agudello.

LOUREIRA.- Variedad implantada en Galicia y más concretamente en la D.O. Rias Baixas (subzona del Rosal), es la base del vino conocido como "albari-

ño", juntamente con otras variedades, aportando un típico aroma que recuerda al laurel. Se la conoce también como Marqués.

MALVASIA.- Muy extendida por todo el mundo, es aromática y se emplea con frecuencia para elaborar vinos dulces. Se la conoce como Malvasia Riojana, Subirat y Tobia, entre otros.

MENCIA.- Variedad tinta cultivada en Galicia y el Bierzo, se le atribuye una cierta similitud a la Cabernet Franc de Burdeos. Produce vinos de tonos violáceos y vivos, afrutados y con buena acidez. Se la conoce también como Loureiro Tinto.

MERLOT.- Base de muchos de los grandes vinos de Burdeos, se ha aclimatado bien en varias zonas vinícolas de nuestro país. De color oscuro sus vinos son carnosos y aromáticos.

MOSCATEL.- Variedad muy antigua, está extendida por toda la Península, principalmente por el Mediterráneo, siendo muy conocida por ser la base de elaboración de los "mistelas". Produce vinos aromáticos, fragantes y limpios con tonos aromáticos típicos de la variedad. Al ser muy conocida, se la denomina de mucha maneras, aunque la mas destacada sea Moscatel de Alejandría.

PALOMINO.- Uva fundamental en la zona de Jerez, aunque su cultivo se extiende a otras zonas vinícolas. Uva de rápida evolución, es la base de los generosos con crianza biológica, donde adquiere su importancia, pues como vino de mesa carece de identidad. Se la conoce como Listán, Jerez, Albán, etc.

PARELLADA.- Se cultiva en zonas altas de Cataluña, por su resistencia al frío. Sus vinos son pálidos, con buen aroma y acidez pero poco grado alcohólico, por lo que se utiliza como complemento de otras variedades, fundamentalmente en la elaboración del cava. Se la conoce como Martorella y Mantonega.

PEDRO XIMENEZ.- Se cultiva fundamentalmente en Andalucía, aunque se extiende también, entre otros sitios a Canarias y el Priorato. Se utiliza en la obtención de vinos generosos, por su equilibrio y grado alcohólico, aunque su máxima expresión la adquiere en la elaboración de los vinos dulces que llevan su nombre. Se denomina también Alamis.

PINOT NOIR.- Cepa fundamental en Borgoña y Champagne, donde produce grandes y espléndidos vinos. En nuestro país no parece que haya llegado a adaptarse bien.

TEMPRANILLO.- Variedad de mucha calidad, presente en casi todas las zonas vinícolas de nuestro país, aunque con nombres diferentes. Produce vinos de bonito color rojo rubí, afrutados y muy equilibrados, con escaso poder oxidativo y moderada acidez que los hace ideales para la crianza en barrica y botella. Se la conoce, entre otras, como Cencibel, Tinto Fino, Tinto del País, Ull de Llebre, Tinta Roriz, Verdiel, etc.

TREIXADURA.- Uva base de la D.O. Ribeiro, está también presente en otras zonas de Galicia. Muy aromática, produce vinos florales y afrutados (manzana madura), con una boca muy equilibrada por su buena maduración. Se la conoce también como Trajadura y Verdello.

VERDEJO.- Uva blanca base de los vinos de Rueda, se cultiva en otras zonas de Castilla y León. De color amarillo verdoso, aporta aromas muy afrutados y personales, con gran extracto. Se utilizó tradicionalmente para elaborar vinos rancios de los llamados "soleras".

VIURA.- Variedad blanca originaria de la Rioja, muy extendida por todo el territorio español. De cierta dificultad en la maduración, cuando la consigue, resulta ideal para elaborar vinos con crianza en roble por su buena relación de azúcares y acidez y su lenta oxidación. Se la conoce como Alcañón y Macabeo.

XARELLO.- Variedad muy implantada en Cataluña, es otra de las que se utiliza con frecuencia en la elaboración del cava, juntamente con la Macabeo y Parellada. Produce vinos aromáticos, estructurados y de buena graduación alcohólica. Es conocida como Pansa Blanca, Pansalet y Cartuja.